Patricia Hase

Musikgeschichten mit Fräulein Bella

Der Schulwettbewerb

RECKEN SPEZIAL

Mit Illustrationen von Jutta H. Barthel

ISBN 978-3-00-065561-6

Die Autorin Patricia Hase
mit Klavierkind Louisa

Die in Hannover lebende, ausgebildete Konzertpianistin
Patricia Hase wurde am 9. August 1989 geboren.
Neben ihren Konzertreisen begann Patricia Hase bereits
im Studium, Klavier zu unterrichten.
Dabei entwickelte sie eine Unterrichtsmethode,
die Kinder durch Klavierunterricht liebevoll in ihren alltäglichen
Lernprozessen begleitet, sie in ihrem Selbstvertrauen stärkt und
ihre Kreativität fördert.
Diese Philosophie trug sie an andere engagierte Lehrer/innen
weiter und gründete im Jahr 2017 mit den „Klavierkindern"
eine deutschlandweit vertretene Musikschule, die privaten Klavier-
unterricht für Kinder anbietet (www.klavierkinder.com).

„Musikgeschichten mit Fräulein Bella - Der Schulwettbewerb"
ist das zweite Kinderbuch von Patricia Hase, das auf der Basis ihrer
Unterrichtsphilosophie aufgebaut ist.

Für meine Patenkinder Mia und Max

Ein herzlicher Dank gilt der
TSV Hannover-Burgdorf
für die großartige Zusammenarbeit.

Es war ein Dienstagmorgen, mitten im Monat März, als die Schneehäsin Fräulein Bella die Eingangshalle der Hamsterschule in Hannover betrat. Neugierig schaute sie sich um. Gestern hatte sie einen Anruf der Schulleitung erhalten, die sie gebeten hatte vorbeizukommen. Es ginge um eine wichtige Angelegenheit.
Fräulein Bella klopfte an die Tür des Rektorzimmers und wartete, bis sie hereingebeten wurde.

Hinter einem großen und sehr aufgeräumten Schreibtisch saß der Schulleiter und begrüßte sie herzlich. Der Löwe mit der großen Mähne hatte eine würdige Ausstrahlung und dennoch bemerkte Fräulein Bella auch viele Lachgrübchen in seinem Gesicht.

Kaum hatte er ihr einen Platz und einen seiner begehrten Kokos-Kekse angeboten, begann er auch schon zu sprechen:

„Danke, dass Sie gekommen sind. Wir haben hier einen echten Notfall!"

„Einen Notfall?", fragte Fräulein Bella und setzte sich aufrecht hin.

„Die Musik-AG der Schule bereitet sich seit einigen Wochen auf den großen Amadeus-Schulwettbewerb vor. Er findet im Mai in Berlin statt. Letzte Woche ist Musiklehrer Lempke beim Wandern umgeknickt und hat sich leider die Pfote gebrochen. Er wird bis auf Weiteres ausfallen. Die Kinder sind nun ganz verzweifelt, weil sie keinen Lehrer mehr haben, mit dem sie für den Wettbewerb üben können." Betroffen schaute er zu Fräulein Bella und nahm sich ebenfalls einen Keks.

„Ach du meine Güte, das ist aber ein Unglück!", antwortete Fräulein Bella.

„Wir haben von einem Mitschüler gehört, dass Sie Musiklehrerin sind und Kindern Klavierspielen beibringen. Könnten Sie sich vorstellen, die Musik-AG als Lehrerin bis zu ihrem Wettbewerb zu begleiten?" Zwei warmherzige braune Löwenaugen betrachteten sie fragend.

„Na, wie könnte ich da nein sagen. Bei diesen herrlichen Keksen", sagte Fräulein Bella lächelnd und griff erneut in die Keksdose. „Wann soll es losgehen?"

Sie besprachen den Ablauf der kommenden Wochen.

Als sich ein sichtlich erleichterter Schulleiter und eine erfreute Schneehäsin verabschiedeten, strömten die ersten Hamsterkinder auch schon aus ihren Klassenzimmern. „Das wird eine wunderbare Zeit werden", dachte Fräulein Bella und machte sich auf den Weg nach Hause.

2

Schon zwei Tage später fand die erste Probe mit Fräulein Bellas neuen Schützlingen statt.

Die Musik-AG, bestehend aus Schülern aller Jahrgangsstufen, hatte sich im Musikzimmer versammelt.

„Guten Morgen, liebe Hamster!", begrüßte Fräulein Bella die Gruppe. „Ich freue mich sehr, euch für euren Wettbewerb in den kommenden Wochen als Vertretung für Lehrer Lempke zu begleiten. Zeigt mir doch zu Beginn einmal, was ihr bisher geschafft habt."

Erwartungsvoll schaute sie die Kinder an.

„Wir wissen gar nicht, wie es losgeht!", rief Leander, ein Erstklässler, mit piepsiger Stimme.

„Probiert es einfach mal von vorne", schlug Fräulein Bella vor. Einige Kinder griffen zu ihren Instrumenten, andere stellten sich unsicher an die Seite, wiederum andere Kinder standen unbeholfen in der Mitte des Raumes.

Ohne sich abzustimmen, begannen einige Hamster auf ihren Instrumenten zu spielen, andere standen einfach nur da und schauten verwirrt um sich. Lara, eine Schülerin aus der 6. Klasse, stellte sich in die Mitte der Klasse und sang laut eine Melodie.

Fräulein Bella betrachtete das Chaos einige Minuten. Dann unterbrach sie das Debakel, indem sie laut in die Hände klatschte.

„Bitte alle Kinder nach draußen auf den Schulhof!", rief sie mit ihrer lautesten Stimme und folgte der aufgewühlten Gruppe nach draußen.

Als sich die Kinder in einem Kreis versammelt hatten, begann Fräulein Bella zu sprechen:
„Ihr Lieben, nun erzählt doch mal! Was ist der Grund für dieses Chaos?" Sie schaute gespannt in die Runde.
„Anton hat seine Stimme nicht geübt", rief Anne und zeigte auf einen schmalen Hamster mit großen Ohren.
„Das stimmt gar nicht, du doofe Pute!", rief er trotzig und sah beleidigt auf den Boden.
„Lara will immer die größte Rolle spielen. Nur weil ihr Vater am Theater ist", sagte Hermine und verdrehte die Augen.
„Du bist so gemein!", rief Lara und stampfte mit der Pfote auf.
„Außerdem ist das Stück total blöd! Es ist viel zu schwer für uns", erklärte Paul nun.
„Herrjemine", sagte Fräulein Bella. „Das ist ja ein echtes Dilemma!" Sie überlegte kurz, dann sagte sie: „Ich habe eine Bitte. Jeder von euch sagt mir nun einmal einer nach dem anderen: Was ist für euch das Schöne an Musik?" Die Klasse wurde ruhiger.
„Ich finde es toll, dass man Musik zusammen mit anderen machen kann", sagte Chiara als Erstes.
„Und dass es so schön klingt", schloss sich Leo an.

„Ich liebe die Rhythmen und Klänge in der Musik", sagte Gregor. Als Achtklässler war er der Älteste der Gruppe. Nun war Lara an der Reihe: „Mein Papa sagt immer, dass ich ein außergewöhnliches Bühnentalent habe, das der Welt gezeigt werden soll."
„Siehste, das mein ich!", sagte Hermine auf Lara zeigend und musste dafür einen bösen Blick einstecken.
„Also", begann Benjamin, ein Viertklässler, „ich finde es toll, dass man etwas hat, was man vorführen und anderen zeigen kann."

So ging es reihum weiter. „Was für tolle Kinder in dieser Gruppe sind", dachte Fräulein Bella und lauschte gespannt den weiteren Antworten.
Als jedes Kind etwas gesagt hatte, begann Fräulein Bella wieder zu sprechen:
„Das sind tolle Dinge, die ihr da gesagt habt! Als Hausaufgabe für die nächste Woche möchte ich, dass jeder von euch einmal aufschreibt, was er sich für die Proben wünscht. Was kann besser werden? Wie würde eine gelungene Probe für euch aussehen?"
Sie schaute in die Runde. „Vielen Dank für diese erste gemeinsame Stunde."

„Ist die Probe schon vorbei?“, fragte Hermine.
„Ja. Ich finde, wir haben heute eine Menge gelernt“, antwortete Fräulein Bella.

3

Nachdenklich verließ Fräulein Bella an diesem Mittag das Schulgebäude.
Sie stieg in ihre „Emma" – so wurde Fräulein Bellas Auto von allen genannt – und machte sich auf den Weg zu einem Treffen mit ihren Freunden.

Das Lieblingslokal der vier Freunde lag in ihrem schönen Stadtteil List. Kaum war Fräulein Bella am Café Kreipe angekommen, winkten ihr die drei auch schon zu. Neben dem Feldhasen Jakob bestand die Gruppe der Lister Freunde aus Susi, der Koalabärin, und Richard, dem Strauß. Richard war Komponist und hatte gerade seine erste Kinderoper fertig geschrieben.

Fräulein Bella begrüßte alle mit einer großen Umarmung und bestellte bei Christine, einer herzlichen Kellnerin, den berühmten Nutella-Kakao.

„Jetzt bin ich aber gespannt", sagte Susi als Erstes. „Wie war die Probe mit deinen Kindern?" Sie trank einen Schluck von ihrem frisch gepressten Eukalyptussaft. Fräulein Bella berichtete ihren Freunden von der ersten Probe und den Schwierigkeiten, die ihre Schüler derzeit hatten.

„Lies mir doch bitte mal die Anforderungen des Wettbewerbs vor", bat Jakob, und alle steckten die Köpfe zusammen, um nachzulesen:

„Vorgeführt werden soll ein Stück mit maximal 20 Minuten Länge. Es sollen mehrere Elemente wie zum Beispiel Chor, Orchester, Schauspiel oder Gesang mit eingebaut werden. Es können mehrere Altersstufen vertreten sein." Die vier schauten sich an. Und da fiel es ihnen wie Schuppen von den Augen:

„Richard!“, riefen Jakob und Fräulein Bella wie aus einem Mund. „Warum schreibst du nicht ein Stück für die Kinder?“ „Ja, warum nicht?! Eine gute Idee!“, antwortete Richard sofort. „Ich werde mich gleich heute noch an die Arbeit machen und versuchen, euch so schnell wie möglich einen ersten Entwurf zu fertigen.“

Gemeinsam feierten die vier diese tolle Neuigkeit.

Glücklich über die neue Entwicklung, hüpfte Fräulein Bella an diesem Tag nach Hause.

„Nun bekommen wir ein tolles Stück“, dachte sie, „aber etwas fehlt noch …“ Gedankenverloren öffnete sie die Haustür. Und da bekam sie eine Idee.

4

In der darauffolgenden Woche hatte Fräulein Bella die Musik-AG in der Aula versammelt.
Sie wusste, dass heute ein besonderer Tag sein würde, und stieg vor lauter Vorfreude von einer Pfote auf die andere. „Wie die Kinder wohl auf meine Überraschung reagieren werden?“, dachte sie und schmunzelte. „Meine lieben Hamster“, begrüßte Fräulein Bella ihre Schüler, „nach unserer ersten Stunde vergangene Woche habe ich mir ein paar Gedanken gemacht.“ Sie schaute in die Runde. „Und ich habe für heute zwei Überraschungsgäste eingeladen.“
„Gäste? In der Schule?“, fragte Leander.
„Ja. Ich habe mir überlegt: Wer könnte uns erzählen, wie man sich auf so einen großen Wettbewerb vorbereitet? Und da ist mir die Idee gekommen. Ich glaube, die beiden warten schon am Schultor. Ich hole sie eben rein.“

Mit diesen Worten ging Fräulein Bella nach draußen und hinterließ eine aufgeregte und rätselnde Gruppe.
„Was glaubt ihr, wer jetzt kommt?", fragte Chiara.
„Vielleicht ein berühmter Schauspieler", antwortete Lara und strich sich über ihr Kleid.
„Was soll der denn an Wettbewerbserfahrung haben", sagte Hermine und rollte mit den Augen.
„Ich glaube eher, da kommt ein Schiedsrichter. Vielleicht vom Fußball", vermutete Benjamin. „Der hat ja dann schon viel mit Wettbewerben zu tun gehabt."
Es wurde fleißig weitergeraten, bis sich die Tür öffnete und Fräulein Bella einen Adler und einen Elch mit einer einladenden Geste hereinbat.
„Das ist Otto Flitzbogen! Der Kapitän der RECKEN!", rief Gregor und sprang auf. „Sein Poster hängt bei mir im Zimmer!"
„Und da ist der Trainer, Pablo Rodríguez! Boah, cool!" Auch Leander war aufgesprungen, um die beiden besser sehen zu können.
„Wie ich sehe", begann Fräulein Bella, als die drei vor der Gruppe standen, „habt ihr unsere Gäste bereits erkannt. Ich begrüße ganz herzlich den Trainer der hannoverischen Handballmannschaft Pablo Rodríguez

sowie deren Kapitän Otto Flitzbogen." Die Klasse applaudierte lautstark.

„Die Mannschaft spielt gerade beim großen Pokalwettbewerb mit und da dachte ich mir, unsere Gäste könnten uns vielleicht ein paar Tipps geben, wie man sich für so eine große Aufgabe rüstet."
„Liebe Hamster", begann Pablo nun, „ich freue mich, dass wir uns heute einmal kennen lernen."
Die Klasse staunte und lauschte gespannt.
„Bevor Otto und ich nun anfangen zu erzählen, wie ein Training und eine Wettbewerbsvorbereitung bei uns aussehen, möchte ich euch gerne fragen:
Was, glaubt ihr, ist wichtig für ein gutes Training?"
Während er sprach, flatterte er mit seinen großen Flügeln. Er war eine beeindruckende Persönlichkeit.
„Vielleicht, dass man dem Trainer immer gut zuhört?", fragte Hermine schüchtern.
„Eine schöne Antwort!", erwiderte Pablo lächelnd.
„Auch wenn das manchmal gar nicht so einfach ist", kommentierte nun Otto das Gesagte und stupste Pablo am Flügel. Die Klasse lachte.
„Dass man eine richtige Trainingshalle hat", schlug nun Leo vor.
„Auch das ist richtig. Die Bedingungen müssen passen", stimmte Pablo zu.

„Und dass man zusammenspielt, als Team", meldete sich Chiara zu Wort.
„So ist es", sprach Otto. „Teamfähigkeit ist eines der ausschlaggebenden Dinge. Nur gemeinsam kann man in unserem Sport erfolgreich sein."
„Und dass man Spaß hat!", sagte Leander gleich darauf. Seine Augen leuchteten.
„Oh ja! Die Leidenschaft ist das Wichtigste. Nur wer mit echter Leidenschaft spielt, hat am Ende auch Chancen zu gewinnen."
„Ziel ist es", erklärte Pablo nun, „aus jedem von uns das Beste herauszuholen und alles zu geben! Als Trainer mache ich für die Mannschaft zuallererst einen Trainingsplan. Auf diesem wird ein zeitlicher Ablauf eingeteilt. Darauf stehen alle Trainingszeiten. Dann halte ich außerdem fest, was ich in welcher Stunde mit der Mannschaft erreichen möchte."
„Gibt es bestimmte Regeln für euer Training?", fragte Leander.
„Na klar! Wir haben ein großes Brett bei uns aufgehängt, auf dem alle unsere Regeln stehen."

Otto begann aufzuzählen:

1. Trainer:

Der Trainer ist der Chef und seinen Anweisungen wird gefolgt.

2. Disziplin:

Wir kommen immer pünktlich zum Training.

3. Teamfähigkeit:

Wir achten aufeinander und sind immer fair.

4. Motivation:

Wir motivieren uns gegenseitig und helfen uns, wenn es mal nicht klappt.

5. Einstellung:

Nur zusammen sind wir stark!

„Wenn einer alleine losrennt, kann es nicht klappen. Habt ihr noch andere Dinge, die ihr gerne wissen möchtet?" Otto schaute in die Runde.

„Wieso bist du Handballer geworden?", fragte Anne.
„Schon als kleiner Elch war es mein größter Traum, einmal Handballer zu werden. Genauso berühmt wie Heino Brandusson." Er lächelte verträumt.
„Wie viel verdient man da?", fragte Anton aufgeregt.
„Sowas fragt man nicht!", rief Lara empört und Antons Ohren wurden knallrot.
„Was ist dein Lieblingsessen?", fragte Gregor gespannt.
„Kartoffelbrei!", kam Ottos Antwort sofort. „Au ja, den mag ich auch!", bestätigte Gregor mit einem kräftigen Nicken.
Nachdem die große Fragerunde beendet war, gab es für alle Kinder noch eine weitere Überraschung:
„Wir möchten euch gerne einladen, ein Training von uns zu besuchen. Dort könnt ihr euch vor Ort ein Bild machen, wie unsere Übungen für den Wettbewerb bei uns ablaufen."
Die Klasse jubelte und war vor Freude nicht mehr zu halten.

Nach der Verabschiedung der prominenten Gäste sah Fräulein Bella, wie die Gruppe der Musikkinder eng zusammenstand und tuschelte.

„Was sie da wohl aushecken", fragte sich Fräulein Bella. Sie machte an diesem Abend noch einen langen Spaziergang in der Eilenriede und überlegte die nächsten Schritte für das Wettbewerbsprojekt.

5

„Et voilà – euer Stück!“ Stolz präsentierte Richard Fräulein Bella ein ausgedrucktes Notenheft.

„Großartig! Danke, Richard! Wir werden gleich nächste Woche mit den Proben anfangen. Die Klasse weiß schon Bescheid und freut sich riesig darauf, dass es losgehen kann!“ Sie biss genüsslich in ein Stück Bismarcktorte, Kreipes Spezialkuchen. „Könntest du eventuell zur Probe mitkommen? Dann kannst du den Part der Sänger mit den Kindern einüben.“

Und so begrüßte Fräulein Bella in der folgenden Woche ihre Musikgruppe und stellte ihnen Richard vor. „Hallo, liebe Hamster!“, begrüßte Richard die Runde. „Ich freue mich, euch heute euer Stück vorzustellen. Es heißt ‚Der singende Pausenhof‘.“ Er gab eine kurze Einführung in das Stück. Die Klasse hörte aufmerksam zu. „Bei dem Stück werden neben den Instrumenten und Gesang auch Elemente aus dem Schauspiel dabei sein. Gibt es jemanden, der Lust hätte, auch gesprochene Texte zu übernehmen?“ Sofort schnellte Laras Hand nach oben. Auch Gregor meldete sich. „Super!“, freute sich Fräulein Bella. „Später wird Theaterlehrerin Chrissie dazukommen, um mit euch ein paar Schauspielübungen zu machen.“

Da sprang Lara von ihrem Stuhl auf und drehte sich jubelnd im Kreis. „Fräulein Bella“, begann Leander, „wir haben eine Überraschung für dich!“ „Na, jetzt bin ich aber gespannt“, sagte diese.

„Wir haben nach der letzten Stunde ein Plakat mit Regeln für die Proben erstellt. Genau wie bei den RECKEN.“

Stolz holte Benjamin ein großes Plakat heraus und hob es in die Höhe. Darauf stand:

„Das ist ja toll!“, rief Fräulein Bella aus. In ihrem linken Ohr leuchtete eine blaue Note auf. Sie erschien immer, wenn Fräulein Bella sich freute oder etwas Besonderes geschehen war. „Wollen wir es gleich aufhängen, damit wir es in den Proben immer sehen können?“ Sie hängten das Plakat gut sichtbar an eine Wand des Raumes.

Die Probe konnte beginnen. Nachdem alle Rollen vergeben waren, teilte Fräulein Bella die Gruppe auf.

Richard probte mit den Sängern und begann mit einer Einsingübung, die „Flohzirkus" heißt.

Fräulein Bella ging mit den Kindern, die ein Instrument spielten, in den Nebenraum und fing an, die ersten Töne von Richards Stück zu proben. Sogleich war zu spüren, was für ein wunderbares Stück er komponiert hatte. Die Freude in der Musik übertrug sich direkt auf ihre Schüler.

Auch Theaterlehrerin Chrissie, eine Katze mit buschigem Fell, war inzwischen eingetroffen und machte auf dem Schulhof mit Lara und Gregor verschiedene Sprechübungen.

Als Fräulein Bella während einer kurzen Pause in den Flur trat, sah sie Paul alleine auf dem Boden sitzen. Er weinte bitterlich. Fräulein Bella setzte sich zu ihm und strich ihm sachte über den Rücken. „Was ist denn los, mein Großer?", fragte sie sanft.

„Ich habe das Gefühl, die anderen sind alle besser als ich", schluchzte er. „Ich glaube, ich schaffe das nicht."

„Weißt du, das Wichtigste ist, dass wir es versuchen und mit all unserer Kraft üben", beruhigte Fräulein Bella ihn. „Wenn du das Gefühl hast, dass es zu schwer ist, dann üben wir einfach so lange gemeinsam, bis es klappt. Und wenn das bedeutet, dass es etwas länger

dauert als bei den anderen", sie hob ein wenig die Arme, „dann ist das einfach so. Du bist ein ganz toller und besonderer Junge. Nur weil du beim Singen vielleicht ein bisschen mehr Zeit brauchst, haben wir dich trotzdem genauso gern. Du gehörst in diese Gruppe wie jeder andere von uns."
Paul beruhigte sich nach diesen Worten sichtlich und so gingen beide zurück zu ihrer Probe.
Nach zwei Stunden konzentrierten Übens versammelte Fräulein Bella noch einmal alle Schüler in der Aula.
„Das war eine tolle Probe, meine Lieben! Ich bin stolz auf jeden von euch.
Nächsten Montag gehen wir nach der Schule zusammen zum Training der RECKEN. Denkt alle daran, den Zettel mit der Ankündigung euren Eltern zu geben!" Sie verabschiedete ihre Schützlinge und verließ, Richard und Chrissie untergehakt, die Schule.

Die Tage vergingen wie im Flug. Es hatte sich unter den Hamstern schnell herumgesprochen, dass die Stars der Handballmannschaft in ihre Schule gekommen waren. Die Kinder der Musik-AG berichteten stolz von ihrer Begegnung.

Am Montag nach Schulschluss fuhr die Musik-AG gemeinsam mit Fräulein Bella zur Trainingshalle der RECKEN. Aufgeregt plapperten sie im Bus durcheinander und rätselten, was sie nun wohl erleben würden.

Als sie angekommen waren, sagte Fräulein Bella: „Es ist etwas ganz Besonderes, dass wir bei diesem Training zuschauen dürfen. Ich weiß, dass ihr euch alle prima und ruhig verhalten werdet und verlasse mich auf euch. Einverstanden?" Die Klasse nickte einstimmig. Es konnte losgehen.

Kaum waren sie am Eingang angekommen, wurden sie auch schon in Empfang genommen.

Johanna, eine schöne, warmherzige Giraffe, begrüßte

die Klasse mit einem einladenden Lächeln.
Kurz erklärte sie die wichtigsten Regeln im Handball. Ihre Begeisterung war so groß, dass der Funke sofort auf alle übersprang.
Die Klasse ging in Zweiergruppen in die Halle und sah beim Eintreten Trainer Pablo über die Tribüne schweben. Er winkte ihnen zu. Unten auf dem Platz standen die Handballer und wärmten sich auf.

„Da ist Knut Johannsson, die Nr. 73! Mein Lieblingsspieler!", flüsterte Leander aufgeregt und zeigte auf einen großen Elch, der gerade eine Dehnübung machte. „Psssst!", raunzte Lara ihn an.

Das Training begann mit verschiedenen Spielsituationen. Fräulein Bella bemerkte schon bald, dass es während des Trainings auffallend still auf dem Spielfeld war. Alle Spieler waren sehr konzentriert. Einzig die Anweisungen des Trainers, die kurzen Pfiffe aus seiner Trillerpfeife und das Quietschen der Turnschuhe auf dem Hallenboden waren zu hören.

Bei einem Ballwechsel fiel einer der Elche zu Boden. Sofort kam der Kapitän der Mannschaft zu ihm und half ihm wieder auf.

Beeindruckt und mucksmäuschenstill beobachteten die Kinder das Geschehen.

Am Rand des Spielfeldes stand ein großer Topf mit Honig. Immer wieder gingen die Spieler zu dem Topf und rieben sich ihre Pfoten damit ein.

„Warum machen die das?",

rätselte Anne flüsternd. Keiner wusste die Antwort.
Als Trainer Pablo das Training nach 60 Minuten beendete, klatschten sich die Spieler ab und verschwanden gut gelaunt in ihrer Kabine.
Auf dem Rückweg zum Bus kam der Musik-AG auf dem Flur ein Fuchs entgegen. Er begrüßte Fräulein Bella mit einer Umarmung – und sie beglückwünschte ihn zu seinem schicken Hemd. Es war strahlend weiß und mit dem RECKEN-Logo bedruckt.
„Ich glaube, das ist der Chef hier, Noah Weis", flüsterte Paul ehrfürchtig.
„Das heißt Geschäftsführer", erklärte Lara mit erhobenem Zeigefinger. „Hat mein Papa mir neulich erklärt. Der ist nämlich auch einer."
„Dein Papa ist zweiter Geschäftsführer bei den RECKEN?", fragte Paul verwirrt.
„Doch nicht hier!", sagte Lara energisch. „Bei seiner eigenen Firma zuhause."
„Ach so", sagte er. „Herr Weis, wieso schmieren sich die Elche Honig an die Pfoten?", fragte Paul schüchtern.
„Der Honig sorgt dafür, dass die Pfoten ein wenig klebrig sind. So haftet der Ball an und man kann ihn kontrollierter werfen", erklärte Noah.

Nach einem kurzen weiteren Plausch verabschiedeten sich Noah und Fräulein Bella.
„Hier sagen sich Fuchs und Hase gute Nacht", kicherte Leo, und die Klasse machte sich auf den Weg nach draußen.
„Ich finde", sagte Fräulein Bella, als alle wieder vor der Trainingshalle versammelt waren, „nach diesem tollen Ereignis ist es Zeit für eine Kugel Eis." Die Klasse jubelte. Auf dem Weg zur Eisdiele, die an diesem Tag das erste Mal wieder geöffnet hatte, kürte sie die Plätze eins bis drei der weltbesten Eissorten.

„Gleich geht es los! Der Direktor hält schon seine Ansprache", flüsterte Gregor und machte ein Zeichen, dass sich alle in einer Reihe aufstellen sollten. Aufgeregt gingen die Kinder der Musik-AG hinter der Bühne in Position.

Es war der Tag der großen Schulfeier. Fräulein Bella hatte vorgeschlagen, zu diesem Anlass eine Generalprobe mit ihrem Stück zu machen und es in der Aula vorzuführen.

„Was passiert, wenn wir bei der Aufführung einen Fehler machen?", hatte Chiara in der letzten Probe gefragt.

„Fehler gehören zum Leben dazu. Nur an Fehlern können wir lernen, wie wir besser werden können. Deswegen freue ich mich heute über jeden eurer Fehler!", hatte Fräulein Bella geantwortet und Chiara zugezwinkert.

Angespornt vom Trainingsbesuch bei der Handballmannschaft war die Musik-AG in den vergangenen

Wochen zur Höchstform aufgelaufen und hatte ausgiebig geprobt. Ein kleines bisschen Chaos war entstanden, als die drei Gruppen von Sängern, Instrumentalisten und Sprechern zusammengekommen waren, aber alle hatten sich an die vereinbarten Trainingsregeln gehalten und sich zusammengerauft. Sie waren ein echtes Team geworden.

Der Vorhang öffnete sich. Die Kinder betraten die Bühne. Es war das erste Mal, dass sie ihr Stück vor Publikum vorführten. Beim ersten Gesamtdurchlauf vor einigen Tagen hatte es noch einige Patzer gegeben. Alle waren gespannt, wie es heute wohl klappen würde.

Nach den ersten Takten, die vom Orchester gespielt wurden, begann eine Arie der Sänger. Sie hieß „Die Freundschaft ist ein Glück auf Erden" und war das Lieblingslied der meisten Kinder. Am Ende des Liedes bildeten alle Sänger einen Kreis und gaben sich die Hand. Es lief wie am Schnürchen.

Dann kam Lara dran und sprach ihren Text: „Als ich in eure Schule kam", begann sie mit großer Geste ... und wusste plötzlich nicht mehr weiter. „Als ich in eure Schule kam", wiederholte sie – und stockte wieder. Panik breitete sich in ihr aus. Wie ging es nur weiter?

Da flüsterte Hermine ihr von hinten die passenden Worte zu: „ ... war ich zuerst vor Aufregung gebannt."
Lara nickte, erinnerte sich und sprach ihren restlichen Text mit gewohnter Perfektion zu Ende.
Fräulein Bella beobachtete vom Zuschauerplatz aus die erste große Aufführung ihrer Schützlinge. Sie bemerkte, wie die Kinder von Minute zu Minute sicherer und entspannter wurden. „Das Stück ist aber auch einfach wunderbar. Diese Klänge und Melodien, zum Träumen schön", dachte sie und lächelte in sich hinein.
Als die Aufführung beendet war, brach tosender Applaus aus. Sichtlich glücklich und erleichtert, diese große Herausforderung gemeistert zu haben, verbeugte sich die Gruppe.
Kaum waren die Musikkinder wieder hinter der Bühne, schnatterten sie wild durcheinander. Was für ein aufregendes Erlebnis!
„Danke, dass du mir mit meinem Text geholfen hast", sagte Lara, als sie vor Hermine stand.
„Kein Problem. Du hast das toll gemacht!"
„Ich finde, wir können Freundinnen werden", sagte Lara ungewohnt schüchtern und Hermine umarmte sie.
Gegen Ende der Schulfeier versammelte Fräulein Bella

die Musik-AG zur Nachbesprechung noch einmal: „Wir haben unseren ersten großen Auftritt gemeistert. Bravo!" Sie schaute strahlend in die Runde.

„Lasst uns in der nächsten Stunde genau schauen, welche Stellen wir noch verbessern können.
Und dann geht es schon in unseren Endspurt. Noch drei Wochen bis zum Wettbewerb!", sagte sie und klatschte begeistert in die Hände.

Am folgenden Sonntag stand ein weiteres Highlight für die Musik-AG und Fräulein Bella an. Sie hatten sich Karten für ein Spiel der RECKEN gekauft. Es war das Viertelfinale des Pokalwettbewerbs.

„Wisst ihr noch die Grundregeln im Handball?", fragte Johanna verschmitzt, als sie die Klasse auf dem Weg zur Halle traf.

„Es gibt 30 Minuten pro Halbzeit", erinnerte sich Leo.

„Und 2 Minuten Zeitstrafe, falls einer mal Mist baut!", rief Leander.

„Man darf ... hmmm ... vier Schritte machen, ohne den Ball abzuspielen?", fragte Hermine unsicher.

„Fast! Es sind drei Schritte. Aber grundsätzlich genau richtig", korrigierte Johanna.

„Die Spieler dürfen jederzeit ausgewechselt werden, anders als beim Fußball", versuchte Lara sich zu erinnern. Johanna nickte.

„Und es gibt sieben Spieler pro Mannschaft auf dem

Feld, sechs Feldspieler und einen im Tor", sagte Anne nach einigem Nachdenken.
„Na, ich sehe schon, ihr seid bestens gewappnet. Viel Spaß beim Spiel und uns allen ein großes TOI TOI TOI!"
Als sie im Stadion angekommen waren, wurden am Eingang Klatschpappen zum Falten verteilt. Darauf waren die Fotos aller Spieler der RECKEN abgebildet.
Familien mit Kindern, Paare und Handballfans in Gruppen strömten gutgelaunt und in Vorfreude auf das Spiel in die Halle. Kaum hatten sich die Hamster samt Fräulein Bella auf ihre Plätze gesetzt, ging auch schon das Licht aus. „Was passiert jetzt?", fiepste Hermine aufgeregt und griff nach Gregors Pfote. „Jetzt laufen die Spieler ein, pass auf!", antwortete er.

Da gingen an verschiedenen Stellen Lichtstrahler an. Trommelwirbel ertönten. Sie sahen große Elefanten mit riesigen Trommeln, die sich im Rhythmus hin- und herbewegten. Die Aufregung stieg. Aus Lautsprechern hörten sie nach und nach die Namen aller RECKEN-Spieler, die aufgerufen wurden.

„Und hier, unsere Nr. 20: OTTOOOO ..." „FLITZBOGEN", rief Leander im Chor der Menge, so laut er konnte. Sein Gesicht glühte vor Aufregung.

Die Spieler beider Mannschaften waren unter tosendem Applaus eingelaufen. Das Spiel wurde angepfiffen.

Da erhoben sich alle Zuschauer. „Alle bleiben stehen, bis die RECKEN das erste Tor gemacht haben", erklärte Gregor fachmännisch an Lara gewandt.

Es sollte nicht lange dauern. Kaum waren die Spieler

losgestürmt, fiel nach wenigen Ballwechseln der RECKEN auch schon das erste Tor. Die Zuschauer tobten und lärmten mit ihren Klatschpappen. Die gegnerische Mannschaft nutzte den kurzen Moment der Unachtsamkeit nach dem Tor zu einem Konter.

„1:1, Mist!“, rief Leander. So ging es hin und her. Die Tore fielen weiter in kurzen Abständen und Fräulein Bella beobachtete, wie ihre Schüler das Geschehen gebannt verfolgten.

Gerade als die RECKEN das 10:7 erreicht hatten, zog ein Spieler der gegnerischen Mannschaft heftig am Trikot von Torben Linstetten mit der Nr. 14. Er ging zu Boden.

„Foul! Foul!“, rief Paul in die aufgewühlte Menge. Der Schiedsrichter entschied auf Zeitstrafe, was mit

Applaus der RECKEN-Fans bedacht wurde.

Das Spiel wurde zunehmend schneller. Nach drei weiteren Toren ertönte ein Pfiff und es ging in die Halbzeitpause.

„Boah, das ging ja ab", rief Leo, und Gregor nickte begeistert.

„Was tippt ihr, wie es ausgeht?", fragte Chiara gespannt und sie begannen zu wetten.

„36:30", rief Anton. „Ich sage 31:20", antwortete Leander. „Wisst ihr was?", begann Fräulein Bella. „Ich schreibe eure Tipps auf – und der, der gewinnt, bekommt einen RECKEN-Schal als Hauptgewinn!" „Au ja", rief Paul und alle gaben nacheinander ihren Tipp ab. Fräulein Bella notierte sich die Ergebnisse in einem kleinen Notizbuch.

Kurz nachdem der Pfiff zur zweiten Halbzeit ertönte, gab es eine große Aufregung auf dem Feld. Vor dem Tor der RECKEN hatten sich die Spieler der gegnerischen Mannschaft aufgestellt und ihren Angriff vorbereitet. Der Ball wurde hin- und hergeworfen und von den RECKEN vehement verteidigt. Bei dem Versuch, auf das Tor zu werfen, brach ein kurzer Tumult aus.

„Das gibt einen Siebenmeter", vermutete Fräulein

Bella und verzog das Gesicht. Sie hatte recht. Die Menge buhte bei der Entscheidung. „Was ist denn passiert, dass es jetzt den Siebenmeter gibt?", fragte Lara. „Knut Johannsson hat den Kreis betreten beim Verteidigen", erklärte Gregor, der sich zunehmend als Experte zeigte. „Das darf man nicht. Aber von hier sah es nicht danach aus. Gemein!"

Der Siebenmeterwurf wurde ausgeführt und ging auf das Konto der Gegner. 13:11, noch zwei Tore Vorsprung. Das Spiel ging weiter. Immer wenn ein weiteres Tor der RECKEN erzielt wurde, brach großer Jubel in der Halle aus. Angeheizt von der Stimme des Hallensprechers riefen die Fans gemeinsam den Namen des jeweiligen Torschützen. „Für unsere RECKEN stehen wir alle noch einmal auf zum Endspurt", rief er nun und die Menge erhob sich unter lautstarkem Klatschen. In den folgenden Spielzügen gaben die RECKEN noch einmal alles und verschafften sich einen gewaltigen Vorsprung. Noch acht Minuten, dann war es geschafft.

„28:18 – wir werden gewinnen!", rief Hermine und trommelte laut mit ihrer Klatschpappe.

In der letzten Minute erzielten die RECKEN ihr 31. Tor. „RECKEN!", tönte es aus den Lautsprechern.

„ROCKEN!“, kam die jubelnde Antwort der Menge. Dann gab es den Schlusspfiff. „31:20! Gewonnen! Gewonnen!“, rief Leander und streckte vor Freude die Arme in die Luft. Es hätte nicht besser kommen können.

Beim Abendessen berichtete Leander seiner Familie begeistert von den Erlebnissen des Tages. Den prächtigen RECKEN-Schal hatte er sich umgeschlungen. Heute Nacht würde er ihn zum Einschlafen anhaben, das hatte er sich fest vorgenommen. „Den hab ich beim Wetten gewonnen. 31:20, das war genau mein Tipp“, berichtete er stolz und biss fröhlich von seiner Käsesemmel ab. „Irgendwann möchte ich auch einmal auf diesem Feld stehen“, sagte er verträumt. „Jetzt geht es vom Feld aber vor allem erst einmal ins Bett“, sagte Leanders Mama und strich ihm liebevoll über den Kopf.
Und wie Leander, so schliefen an diesem Abend viele Hamsterkinder rundum glücklich ein.

9

„Meine Damen und Herren, gegen 10.01 Uhr erreichen wir Berlin Hauptbahnhof", tönte es aus den Lautsprechern. Fräulein Bella stand von ihrem Sitz auf:

„Ihr Lieben, wir sind gleich da. Bitte packt eure Sachen ein und macht euch startklar zum Landen." Sie musste lachen, als sie die vielen Instrumente, die von den Eltern liebevoll gepackten Reiseproviante sowie Unmengen an Koffern und Jacken sah. Zum Glück war es leer gewesen in ihrem ICE. Sie hatten ein ganzes Abteil für sich bekommen.

„Wir werden nach unserer Ankunft direkt ins Theodor-Hohoff-Gymnasium fahren, wo der Wettbewerb stattfindet. Um 13 Uhr ist unsere Startzeit."

„Wie viele Schulen nehmen denn noch teil?", fragte Paul und biss von seinem Apfel ab.

„Soweit ich weiß", antwortete Richard, der ebenfalls mitgekommen war, „ist der Wettbewerb bereits vor zwei Tagen gestartet. Heute ist der letzte Tag. Ich habe in der Zeitung gelesen, dass es 15 Schulen gibt, die Teilnehmer zu dem Wettbewerb geschickt haben."

„Ich kann gar nicht glauben, dass es heute schon so weit ist", sagte Hermine und drückte sich an Laras Schulter. Seit der Generalprobe waren die beiden unzertrennlich geworden.

Am Theodor-Hohoff-Gymnasium angekommen, sahen sie vor dem Eingang schon die ersten Teilnehmer. Eine Gruppe Katzenkinder in schwarzer Kleidung stand in einem Halbkreis und lauschte den Anweisungen einer älteren Katzendame. Sie trug eine riesige Brille und notierte sich beim Sprechen etwas auf einem Klemmbrett.

Fräulein Bella betrat samt Musik-AG und Richard im Schlepptau die Eingangshalle. „Bitte wartet einen Moment hier, ich melde uns eben an", sagte sie in die Gruppe.
Am Empfangsschalter saß ein weißer Pudel mit Föhnfrisur. „Susi Schönefreud" stand auf ihrem Namensschild. „Ich sag Ihnen, hier ist was los", sagte die Pudeldame theatralisch, als Fräulein Bella sich vorgestellt hatte. „Seit heute morgen haben sich schon eine Esel-, eine Katzen- und eine Schweineschule angemeldet. So viel war hier in den letzten 30 Jahren nicht mehr los." Sie lachte ein etwas künstliches Lachen und übergab Fräulein Bella einen Stapel an Unterlagen.
„Um 13 Uhr ist Ihre Auftrittszeit. Vorher haben wir Ihnen Raum 4203 bereitgestellt, falls Sie sich mit Ihren Kindern einspielen wollen. Viel Erfolg."
Im Einspielraum angekommen, legten alle ihre Sachen ab und packten ihre Instrumente aus.
Als Wettbewerbskleidung hatten sie sich bei den Mädchen für hellblaue Kleider und bei den Jungen für hellblaue Hosen mit farblich passenden Hemden entschieden. „Prima seht ihr aus!", freute sich Fräulein Bella und teilte die Kinder in zwei Gruppen auf:

„Sänger und Schauspieler wärmen sich mit Richard auf. Alle, die ein Instrument spielen, kommen bitte zu mir." Fräulein Bella begann mit lang gespielten, einzelnen Tönen. „Und nun alle ein eingestrichenes A", wies sie an. Die Kinder spielten. „Wenn wir uns jetzt noch auf ein ‚A' einigen könnten", grinste sie und nach und nach bildete sich ein einheitlicher Klang. „Nun eine kleine Tonleiter in C-Dur", sie hob die Arme. „Eins, zwei, drei." Die Kinder spielten im Takt. „Ich sehe schon, wir sind heute in guter Verfassung", rief sie freudig. „Dann würde ich vorschlagen: Wir spielen jetzt noch einmal den Anfang unseres Stückes an."

Zur gleichen Zeit stellte Richard seine Gruppe am anderen Ende des Raumes in einem Halbkreis auf und begann mit der „Murmeltier-Übung". Er wusste, dass es die Lieblingsübung der Kinder war und sah in vergnügte, murmelnde Gesichter.

Nachdem sich beide Gruppen aufgewärmt hatten, führte Fräulein Bella ihre Schüler noch einmal zusammen: „Wir machen nun eine kleine Atemübung: Schließt jetzt einmal eure Augen", begann sie. „Und nun atmen wir tief durch die Nase ein", sie machte es vor und zog die Luft kräftig durch die Nase, „und nun ganz langsam

durch den Mund wieder aus." Die Kinder machten es Fräulein Bella nach.
„Ich zähle jetzt von 10 runter. Und ihr atmet dabei ganz langsam ein und aus."
Fräulein Bella zählte und beobachtete zufrieden, wie sich ihre Schützlinge mit jedem Atemzug sichtlich entspannten.
Als sie mit der Übung fertig waren, sagte Fräulein Bella: „Nun geht es gleich los! Bevor wir in die Aula gehen, lasst uns noch einmal alle die Arme ganz weit nach oben strecken. Noch ein Stückchen höher ... und noch ein Stückchen höher ... uuuund ... fallen lassen."
Die Kinder ließen auf Kommando die Arme fallen und es war förmlich zu spüren, wie damit auch die restliche Anspannung von ihnen abfiel.
Sie gingen in Zweierreihen in Richtung Aula. Da sahen sie 15 Esel, die in Windeseile an ihnen vorbeigaloppierten. „Waren die gerade dran?", fragte Chiara nervös. „Vermutlich. Aber wieso sind die so schnell gerannt?", fragte Hermine.
„Die mussten bestimmt mal auf die Toilette. Das muss ich auch immer, wenn ich aufgeregt bin!", rief Paul und Fräulein Bella musste laut lachen.

An der Aula angekommen, wurden sie von einem freundlichen Ziegenbock begrüßt und hinter die Bühne geführt.
„Liebe Hamster", begann Fräulein Bella an ihre Schüler gewandt, „heute ist unser großer Tag! Vor vielen Wochen hat unsere musikalische Reise begonnen. Ich möchte euch als Erstes sagen, wie unglaublich stolz ich auf euch bin. Jeder von euch hat sein Bestes gegeben und mit viel Leidenschaft für diesen Tag gearbeitet. Ihr habt euch gegenseitig unterstützt und seid ein echtes Team geworden. Ganz egal, was bei diesem Wettbewerb am Ende herauskommt: Für mich seid ihr jetzt schon Gewinner."
Sie standen im Kreis und legten alle die Hände in die Mitte. „HAMSTER!", rief Fräulein Bella. „ROCKEN!", kam die jubelnde Antwort der Gruppe. Es konnte losgehen.
Fräulein Bella ging in die Aula und nahm neben Richard bei den Zuschauern Platz.
Sie hatte es sich vor ihren Hamstern nicht anmerken lassen, aber in Wahrheit war sie sehr aufgeregt. Richard strich ihr beruhigend über die Pfote.
Der Saal war gefüllt mit anderen Kindern und ihren

Lehrern. In der ersten Reihe stand ein langer Tisch mit der Aufschrift „JURY". Fräulein Bella erkannte von ihrem Platz aus eine Schildkröte, einen Laubfrosch und

einen Hahn mit wildem Gefieder am Jurytisch sitzen. Vor ihnen lagen jeweils ein Blatt Papier und ein Stift für Notizen.

Ein Moderator kam auf die Bühne und kündigte die Teilnehmenden an. Er war ein pummeliges Wildschwein

mit großen Augen: „Meine sehr verehrten Zuschauer", grunzte er in das Mikrofon, „ich begrüße unsere nächsten Teilnehmer: Die Hamsterschule aus Hannover mit ihrem Stück ‚Der singende Pausenhof'."
Höflicher Applaus erklang. Der Vorhang öffnete sich.

10

„Ich bin so aufgeregt, ich bin so aufgeregt!", fiepste Leander hinter der Bühne und wackelte von einem Bein aufs andere. „Wir schaffen das!", beruhigte Benjamin ihn. „Denk dran, was Fräulein Bella gesagt hat: Wir sind jetzt schon Gewinner!"

Die Kinder stellten sich in ihre eingeübten Positionen und bekamen vom Bühnenbauer das Startzeichen. Das Licht ging aus.

Aus der Dunkelheit heraus erklangen die ersten Takte. Fräulein Bella konnte die Aufregung und anfängliche Unsicherheit ihrer Schüler förmlich spüren. Sie drückte ihre Pfoten so fest sie konnte.

Und mit dem langsamen Erhellen der Bühnenlichter kam auch die Sicherheit der Hamsterkinder zurück. Fräulein Bella beobachtete sichtlich gerührt, mit wie viel Spielfreude ihre Schützlinge auf der Bühne standen. „Die vielen Proben haben sich wirklich gelohnt", dachte sie.

Obwohl sie das Stück nun schon so viele Male gesehen hatte, musste Fräulein Bella an einer lustigen Stelle anfangen zu lachen, so verschmitzt sprach Lara ihren Text. Sie drehte eine Extra-Pirouette, bevor sie hinter der Bühne verschwand.

Richard zwinkerte Fräulein Bella zu. Ihre Schüler waren in Höchstform. Inspiriert durch die Freude aller Anwesenden, formten sich die Töne zusammen und bildeten wundervolle harmonische Klänge.

Selbst Paul, der beim Singen bis zuletzt eher schüchtern und zurückhaltend gewesen war, stand bei seinem Einsatz mit offenen Armen in der Mitte der Bühne und sang seine Arie befreit und mit kräftiger Stimme. Als wäre die Zeit verflogen, kam auch schon der Schlussakkord.

Tosender Applaus ertönte in der Aula. Fräulein Bella und Richard sahen sich an und wussten beide, dass gerade etwas sehr Besonderes geschehen war. Sie hatten es geschafft.

Kaum war der Vorhang gefallen, waren die Hamsterkinder nicht mehr zu halten.

Sie riefen wild durcheinander, klatschten sich ab und umarmten sich.

„Das war das Coolste, was ich je erlebt habe", rief Anton und hüpfte auf der Stelle.

„Fräulein Bella!", Leander rannte auf seine Lehrerin zu, als sie hinter der Bühne ankam.

„Schau mal, ich hab richtig Gänsehaut bekommen", sagte er und streckte seine Arme aus.

„Ihr wart einfach großartig!", rief Fräulein Bella und umarmte nacheinander jeden ihrer Schüler. Die blaue Note leuchtete hell in ihrem linken Ohr. Als die Gruppe etwas später wieder vor der Schule stand, machte Fräulein Bella einen Vorschlag:

„Was haltet ihr davon, wenn wir vor der Ergebnisbekanntgabe heute Abend eine kleine Bootstour machen?" „Au ja!", riefen Chiara und Lara wie aus einem Mund und auch der Rest der Schüler war begeistert.

Fräulein Bella kaufte die Tickets und so saßen sie keine 20 Minuten später auf dem Deck eines kleinen Touristendampfers namens „Konstanze".

„Glaubst du, wir werden einen Preis bekommen?", fragte Paul Fräulein Bella. „Da wir nicht wissen, wie die anderen Teilnehmer waren, ist es schwer einzuschätzen. Auf jeden Fall war es für uns die beste Vorstellung aller Zeiten. Das zählt! Den Rest muss jetzt die Jury entscheiden."

Es wurde eine fröhliche Fahrt, begleitet von langen Überlegungen und wilden Diskussionen, wie die anderen Teilnehmer wohl gewesen sind und wer wohl welchen Preis gewinnen könnte.

11

Sie erreichten die Aula eine halbe Stunde vor Beginn der Ergebnisbekanntgabe. Der Saal war für den feierlichen Anlass festlich geschmückt worden. Susi Schönefreud wuselte umher, um noch letzte Handgriffe an der Blumendekoration vorzunehmen. Ihre Föhnfrisur zierte eine rosa Schleife.

Sie fanden einen guten Platz in der vierten Reihe und beobachteten mit Staunen, wie sich der Saal mit weiteren Schulklassen füllte. Eine Gruppe grüner Schlangen kam schlängelnd und mit verbissenen Gesichtern hinein und nahm eine Reihe vor ihnen Platz. „Die sehen aber angespannt aus", flüsterte Leander. „Vielleicht sind sie auch so aufgeregt wie wir", vermutete Hermine und sah im Augenwinkel eine Gruppe kleiner Hunde, die sich aufgeregt mit dem Schwanz wedelnd eine Reihe hinter sie setzten.

Das Licht wurde gedämmt und langsam, mit elfenhafter Eleganz, betrat ein goldener Schwan die Bühne.

„Liebe Kinder", sprach er mit anmutiger Stimme. „Als Direktor des Theodor-Hohoff-Gymnasiums begrüße ich euch herzlich. Ich freue mich, dass wir beim diesjährigen Amadeus-Schulwettbewerb unsere Räumlichkeiten zur Verfügung stellen konnten. Mit 15 teilnehmenden Schulen hatten wir die höchste Teilnehmerzahl seit Beginn des Wettbewerbes 1963." Er schaute erhaben in die Runde und nahm den Applaus mit offensichtlichem Genuss entgegen. Seine polierten Schuhe glänzten im Licht der Scheinwerfer. „Nun seid ihr aber sicher alle sehr gespannt auf das Ergebnis."

„Ich halt's nicht mehr aus", flüsterte Chiara und klammerte sich an ihren Sitz.
„Ladies and Gentlemen, die Preisvergabe", begann der Schwan und öffnete theatralisch einen weißen Umschlag. Im Saal wurde es mucksmäuschenstill. Man hätte eine Stecknadel fallen hören können.
„Der 3. Preis des 57. Amadeus-Schulwettbewerbs geht an ... die HUNDESCHULE AUS BERLIN-CHARLOTTENBURG!" Die Gruppe sprang auf und freute sich sichtlich. Schwanzwedelnd liefen die Hunde auf die Bühne und nahmen stolz ihre Urkunde entgegen.
Nachdem sie sich an den linken Rand der Bühne gestellt hatten, begann der Schwan wieder zu sprechen.
„Der 2. Preis, verehrtes Publikum, geht an ...", er schaute erwartungsvoll in die Menge, „die FRANKFURTER ESELSCHULE!" Applaus brandete auf.
Die Esel trabten in bereits gewohnter Schnelligkeit auf die Bühne. Die Urkunde wurde ihnen ausgehändigt. Sie verzogen dabei keine Miene. „Die freuen sich ja gar nicht?", sagte Hermine irritiert und beobachtete, wie die Esel sich ohne eine Regung am rechten Rand der Bühne aufstellten. „Vielleicht sind sie sauer, weil sie nicht den 1. Platz gemacht haben", rätselte Gregor.

„Das ist wirklich seltsam", sagte Richard, der neben ihm saß. „Und dabei ist ein 2. Platz so ein tolles Ergebnis!" „Der 3. und 2. Platz sind vergeben. Nun wird es richtig spannend", der Schwan senkte verschwörerisch die Stimme. „Meine Damen und Herren, ich habe nun die Ehre zu verkünden: Der 1. Preis des diesjährigen Amadeus-Schulwettbewerbs geht an die ..."

Er hob seine goldenen Flügel und rief so laut er konnte:

„HAMSTERSCHULE AUS HANNOVER!"

Die Hamsterkinder sprangen samt Richard und Fräulein Bella aus ihren Stühlen und waren außer sich vor Freude.

Sie hatten gewonnen! Sie hatten wirklich gewonnen! Der 1. Preis!

Die Zuschauer jubelten und trommelten mit ihren Pfoten und Hufen. Nach kurzen stürmischen Umarmungen hüpften sie, sich fest an den Händen haltend, auf die Bühne. Mit glühenden Backen durfte Paul die Siegerurkunde entgegennehmen.

Was für ein besonderer Moment dies war.

Mit strahlenden Gesichtern hüpften die Hamsterkinder auf der Mitte des Podiums auf und ab und genossen den jubelnden Applaus, der ihnen entgegengebracht wurde. Fräulein Bella und Richard saßen mit Glückstränen in den Augen auf ihren Plätzen und beobachteten mit Stolz, wie ihre Schützlinge auf der Bühne gefeiert wurden. Sie hatten es wirklich geschafft!

Die Presse kam in Gestalt eines bunten Papageis und schoss ein Foto für die Lokalzeitung.

Die Kinder hoben beim Auslösen jubelnd die Hände in die Höhe.

Diesen Augenblick, da waren sich alle einig, würden sie nie vergessen.

12

Epilog

An einem Montagmorgen um 9 Uhr 15 schritt Fräulein Bella zum Eingang der Hamsterschule.

Am Wochenende hatte sie der Direktor angerufen und gebeten, noch einmal vorbeizukommen.

Erinnerungen an ihre erste Begegnung stiegen in ihr hoch. „Kaum zu glauben, dass nun bald ein halbes Jahr vergangen ist, seit unsere musikalische Reise begonnen hat“, dachte sie.

Wie vereinbart ging sie zu dem Probenraum, in dem sie die vergangenen Monate immer gemeinsam mit den Schulkindern geübt hatte. Fräulein Bella klopfte an die Tür. Stille. Vorsichtig öffnete sie und trat ein.

„ÜBERRASCHUNG!“, riefen die Kinder der Musik-AG und Jubel brach aus. Der Raum war mit Girlanden geschmückt worden, ein Tisch mit herrlich duftenden Kuchen gedeckt.

„Wir wollten einfach noch einmal von Herzen danke sagen für Ihre Arbeit", begann der Direktor und kam mit einem warmherzigen Lächeln auf sie zu.
„Was für eine schöne Überraschung – und wie schön, euch alle wieder zu sehen!", rief Fräulein Bella sichtlich gerührt aus.
„Wir haben auch ein Geschenk für dich." Stolz präsentierte Leander ein in hellblaues Papier gewickeltes Paket. „Du kannst es gleich aufmachen!"
Fräulein Bella öffnete das Päckchen. Darin lag ein Trikot der RECKEN mit Unterschriften aller Kinder der Musik-AG.
„Was für eine tolle Idee! Vielen Dank!", strahlte sie und zog sich das T-Shirt direkt an. „Das wird ab sofort mein Lieblings-Outfit!"

Es wurde ein wundervoller Morgen, begleitet von all den schönen Erinnerungen, die sie mit der Wettbewerbszeit verbanden. Die Siegerurkunde des Amadeus-Wettbewerbes hing eingerahmt und gut sichtbar an der Wand.
Zwei Stunden später verließ Fräulein Bella das Schulgebäude mit einem blauen Notenschimmer im Ohr. Sie konnte nicht aufhören zu lächeln.

„Wie schön das Leben ist", dachte sie und schaute in den strahlend blauen Himmel.

ENDE

Jutta H. Barthel,

Künstlerin und Illustratorin

Die in Hannover lebende Künstlerin Jutta H. Barthel ist Kunsttherapeutin und Skulpteurin. Die ehemalige Meisterschülerin von Prof. Markus Lüpertz hatte bereits Kunstausstellungen in Monaco und New York.
Dank ihrer großen Empathie denkt sie sich in die Welt der Kinder ein und wandelt dies in ihre Illustrationen um.
„Musikgeschichten mit Fräulein Bella - Der Schulwettbewerb" ist ihr zweites Kinderbuch als Illustratorin.
(www.jbmc.com)

Handballclub „DIE RECKEN"

DIE RECKEN sind ein Handballclub in Hannover, der seit 2009 in der 1. Bundesliga spielt. Der Club spielt in Deutschland und auch europaweit sehr erfolgreich.
Viele der Spieler kommen aus der eigenen Jugendabteilung und werden nach und nach zu Profis aufgebaut. Für diese hervorragende Arbeit werden DIE RECKEN bereits seit 2008 jährlich von der Liga mit dem Jugendzertifikat ausgezeichnet. Die Jugendspieler verinnerlichen auf ihrem Weg Werte wie Fair-Play, den Teamgedanken, Zielstrebigkeit, aber auch Disziplin und Durchhaltevermögen, die ihnen auf dem weiteren Lebensweg behilflich sein werden.
Die Trainer und Betreuer sind für alle Spieler ständige Ratgeber, die das Verhältnis zwischen allen verbessern und die Gemeinschaft stärken. Des Weiteren lernen die Spieler der Reckenschmiede mit anderen Menschen und Problemen umzugehen, sodass sie damit private wie auch sportliche Situationen meistern können.
Damit sind die Spieler DER RECKEN ein gutes Vorbild für Kinder und Jugendliche – auch für Fräulein Bellas Musikklasse!

ISBN 978-3-00-065561-6

1. Auflage

Text: Patricia Hase, Illustrationen: Jutta H. Barthel
Gestaltung: www.reinereklame.com, Ute Rock
Druck: K. Wolf GmbH, Ingelheim